KB213403

연암스님의

고요한 소리

도서출판 도반

머리글

생활 속에서 잠깐씩 틈나는 시간을 통해 생각과 느낌을 단순하고 짧게 쓴 글을 아침마다 불자님들과 공유하며 하루를 시작했던 "고요한 소리"를 책으로 엮게 되었습니다.

때론 미처 다듬기도 전에 띄웠던 글을 다시 돌려 보며 이런 시간을 보낸 적도 있었고, 그런 마음가짐으로 삶을 대하며 살기도 했었구나를 돌아보면서 부끄러운 부분도 있었으나 쓰담쓰담 토닥이며 스스로 위로가 되는 부분도 있었습니다.

책을 낼 수 있도록 용기를 주신 스님들과 불자님들, 원고를 정리해준 정수스님과 환희심보살님, 또한 꼼꼼히 교정을 봐준 보리도 보살님께 깊은 감사의 마음을 올립니다.

행복선원
연암 두 손 모음

연암스님

봉녕사 승가대학 졸업

행복한 승가대학 학장

붓다스쿨 위빠사나 지도

동학사 자비명상과 위빠사나 지도

행복선원 선원장

1

지금
나의 외적인 모습 그대로
"나"임을 받아들입니다.

지금
말·행동·생각 그대로
나의 행위임을 인정합니다.

2

미워하는 마음은
좋아하기에 드리우는 그림자

좋아하는 마음은
미움을 드리우는 그림자

좋고 싫음에서 벗어나면
진정 자유롭고 평안하리!

3

남들과 비교하는 것은
매우 슬픈 일입니다.

누구나
이 세상에 단 하나밖에 없는
독창적이고
존귀한 존재입니다.

자기만의 색깔과 열정을
억누르거나 숨기려만 하지 말고
훤하게 빛나도록 드러내 주세요!

그것은
자기만이 낼 수 있는
가장 진실되고
아름다운 것입니다.

4

나에게
닥친 일들은
내가 불러들인 것이기에

해결할 수 있는
열쇠도
내가 쥐고 있습니다.

'나는 못해! 하기 싫어!'
스스로 문을 닫으면
경험할 수 있는 좋은 기회를
놓치게 됩니다.

고정관념은

결국

나를 가두게 되어

스스로 쳐 놓은 그물에 걸려듭니다.

자기를 고집하는 것도 필요하지만

상대의 말을 들어만 주더라도

마음의 세계는 넓어집니다.

5

마음이 힘들 때
괜찮아지려 애쓰면
힘든 마음이 더 증가하기도 합니다.

일어난 감정은 내 의사와 상관없이
머물고 싶은 만큼 머물도록
존중해 주세요.

내 안에서 일어났어도
감정은 내 것이 아니라서
내 말을 들어주지 않습니다.

6

찬란한 빛을 발하여
어두운 깊은 곳까지
밝게 비춰주소서!

추위를 견뎌내고
일어난 저 꽃들처럼
빛나고 화사롭게 하소서!

밟히고 또 밟혀도
살아나는 저 들풀처럼
기꺼이 일어서게 하소서!

7

사랑하는 사람을
마음 아프게 하지 마세요.
바로 당신이 아파질 것입니다.

소중한 사람을
함부로 대하지 마세요.
바로 당신이 서글퍼질 것입니다.

곁에 있는 사람은
사랑으로 함께 꽃피울
또 하나의 '나'로서 소중한 당신입니다.

8

마음 상한 일을
오래 갖고 있지 마세요.
아무리 귀한 음식도
상한 것은 버려야 합니다.

속상해할 시간에
더 가치 있는 일에
정성을 기울이세요.

9

진정 세상살이가 무상함을
절절하게 느끼게 되면

매 순간 자신에게
정성을 기울이지 않을 수 없습니다.

짧은 순간에
변하는 마음이지만
삶의 흔적은 남습니다.

10

안개 낀 아침은
온통 뿌옇고 희미합니다.

안개가 걷히면
밝은 해가 드러나
바로
온 세상을 두루 비추듯

우리 마음도 이와 같아
청정한 자성만 드러나면
거룩하고 아름다움 그 자체입니다.

11

괴로움이 녹아내리도록
평화로운 미소를 띱니다.

성냄이 풀어지도록
자비로운 미소를 보냅니다.

다툼이 사라지도록
넉넉한 마음으로 배려합니다.

12

남에게 하고픈 말이 있을 때
소중한 자신에게 하듯
말하는 습관을 들여 봅니다.

말은
내 마음에서 일어나
내 입을 통해 나왔다

내 귀와 내 마음으로
다시 돌아갑니다.

13

미래의 꿈은
긍정적이고 열정적인 마음입니다.

마음은
강력한 자석과 같아서
지금의 생각에서 시작하여
미래를 만들어갑니다.

14

'이 정도만 되어도
숨 쉬면서 살 수 있겠구나!'
이런 생각이 들 만큼 힘든 시간을
보내야 할 때가 있습니다.

그 힘든 과정에서
일어서야 하거나 이미 일어섰다면

그런 자신을 대견하게 여기며
토닥토닥, 쓰담쓰담 합니다.

15

지금....
얼굴 표정을 밝게 펴고
살포시 웃습니다.

미소는....
몸과 마음의 긴장을 풀어
유연하고 편안하게 합니다.

16

집착하면
참 괴롭습니다.

허나,
이미 집착이 붙은 것을
바로 뚝! 때어 놓기는 쉽지 않습니다.

집착에 사로잡힐 때마다
'또 집착하고 있구나!'
'집착은 괴로움이야!'

자신에게 반복해서
이해가 되도록 알려 줍니다.

17

모든 괴로움의 출발은

잘못 알고 있는 것으로부터
시작합니다.

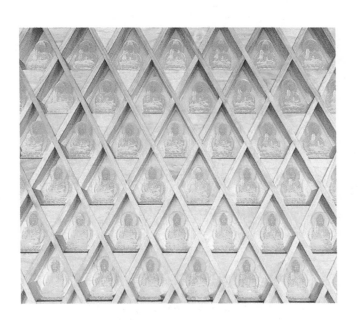

18

나는
아무렇게나 행동하면서

상대방은
나를 존중해 주길 바라시나요?

우주의 질서는
내가 행하는 만큼 대접합니다.

내 것 아닌 것을 내 것으로 만들려는
그 마음이 탐욕입니다.

남을 비난하고 탓할 때는
자신의 욕심이 앞선 것입니다.

19

지혜로운 이는
주위 인연들을 기쁘고 즐겁게 하며
작은 욕심도 내지 않으면서
언제나 부지런히
자비와 지혜를 키워갑니다.

20

쾌감과 불쾌감은
순간적으로 일어났다 사라지는
바람과 같습니다.

믿을만한 것도
집착할 만한 것도
되지 못합니다.

21

몸과 마음은
매 순간 변하고 있는데

고정된 "나"로 여기는 것이
삿된 견해입니다.

22

가슴을 펴면
건강이 따라오고

얼굴을 펴면
복이 따라오고

마음을 펴면
지혜가 따라 듭니다.

23

살다 보면
후회하는 날도 있습니다.

그렇다 하여
자책하며 시간을 낭비하지 마세요.

삶의 거름으로 삭혀
봄꽃을 피울 영양분으로 쓰세요.

24

사람은 누구나
자기중심적입니다.

조금이라도 손해 볼 것 같으면
어떤 트집을 잡아서라도 밀쳐냅니다.

그러나
한 마음을 돌이켜보면
우리는 모두 거룩하고
아름다운 존재입니다.

내 생각을
주장하지 않으면
다툼을 그칠 수 있고
내 생각을
강요하지 않으면
관계가 원만해집니다.

25

난롯불을 지피려니
나무와 나무 사이에
공간이 있어야 불이 붙더군요.

우리 마음속에
고귀한 것을 소유하고 있더라도
집착하는 마음이 밀착되지 않게
틈을 열어놓으세요.

우리 삶을 이겨낼
지혜와 행복의 바람이 불도록....

26

내 몸과 마음은

늘 변해가고 있음을 알 때

집착이

어리석음이라는 것을 자각합니다.

27

사소한 불만으로 덮여 있는
거친 감정에
청정한 물을 줍니다.

번뇌로 덮여 있는
지혜심에
향기로운 바람이 불도록
문을 엽니다.

성냄으로 덮여 있는
자비심에
따스한 햇살이 비치도록
커튼을 올립니다.

28

간절하면
그곳에 몸을 던져보세요.

걱정되고 두렵던 마음이
편안하고 자유로워지면서
간절했던 것과 하나가 됩니다.

29

때론,
이런저런
여러 말과 설명으로
이해를 돕기보다

침묵으로 대변할 때
서로 엇갈리는 시비가
쉬어지곤 합니다.

30

때로는
많은 말보다
침묵이 더 큰 위로가 될 때가 있고,

논리 정연한 설득보다
고개를 끄덕이는 조용한 미소가
더 설득력이 있을 때도 있습니다.

31

세상 모든 것은 에너지고
각각 특정한 주파수로 진동합니다.

생각과 말도 에너지며
주파수가 있습니다.

좋은 에너지를 보내면
좋은 일을 끌어오는 것은
우주의 끌어당김 법칙입니다.

뜻이 같으면
자연스레 마음이 모아지듯
우주에 그런 묘한 힘이 있습니다.

32

공간은
머문 사람의
슬픔과 기쁨
습관과 애씀의 그림자가
그대로 묻어 있습니다.

다른 누군가
그 공간에 갔을 때
누구에게도 표현하지 못했던
그 사람의 삶을 이해하게 되며
또 다른 그를 발견하기도 합니다.

33

복이 있으면
즐겁게 살아가나
복이 없으면 괴롭습니다.

지금 생이나
다음 생에서도....

복을 닦아야 즐겁고
건강하게 살 수 있습니다.

34

남을 해치거나 괴롭히는 일이 아닌
좋은 일만 하며 살더라도
날마다 쉴 틈 없이 바쁠 것입니다.

해결할 수 없는 일과
남을 해치며 괴롭히는 일에 빠져
허덕이는 건 아닌지 돌아봅니다.

35

"이해합니다." 말하는 쪽이
마음이 더 넓은 사람입니다.

"고맙습니다." 말하는 쪽이
더 많이 베푸는 사람입니다.

"수고했습니다." 말하는 쪽이
진짜 주인입니다.

"미안합니다." 말하는 쪽이
더 많이 사랑하는 사람입니다.

36

자신의
생각, 말, 행동이
복이 되고 덕이 되도록 하면

자신의 가치를
저절로 높이는 일입니다.

37

살다 보면
말을 꺼내기조차
힘든 것과 만날 때도 있습니다.

그럴 때 삶에 대한 긍정이 깔려있으면
그 에너지를 통해 다시 일어나는
희망을 볼 수 있습니다.

지금. . . .
얼굴 표정을 밝게 펴고
긍정의 힘을 자신에게 보냅니다.

38

나를 기쁘게 하고
나의 가치를 높여주는
사람들과 자주 만나고 싶습니다.

내 안에 살고 있는
부정적 요인들을 바꿔 갈 수 있는
좋은 인연이 될 수 있기 때문입니다.

39

우리 모두 누구나
업이 이미 굳어져 바꿀 수 없는
존재가 아니라

새롭게 만들어 갈 수 있는
무한한 잠재력이 있습니다.

자신한테 필요한
생활규범과 규칙을 세우고
스스로 자제하는 것부터
시작하면 어떨까요?

잠깐씩 하는
작은 일도

꾸준히 하다 보면
큰 힘을 이룹니다.

40

우리가
살고 있는 이 세상은

내 뜻대로만 될 수 없는
불만족한 구조 속에 있습니다.

참아야 할 때도 있지만
받아들여야 할 때도 많습니다.

41

누군가를
용서한다는 것은?

흐트러진 나를
거두어들이는 일입니다.

42

괴로움에 처한 모든 이들
어서 속히 벗어나 행복하길...

다투는 일에 빠진 모든 이들
어서 속히 화합하여 평화롭길....

가난에 처한 모든 이들
어서 속히 넉넉하고 풍족하길...

병고에 시달리는 모든 이들
어서 속히 건강하고 장수하길...

번뇌에 휩쓸려 방황하는 모든 이들
어서 속히 밝은 지혜가 드러나길...

43

그대가 꽃 같이 웃으니
저도 그저 볼그스레 웃습니다.

그대가 행복해 하니
저는 더욱 행복해 가슴이 뜁니다.

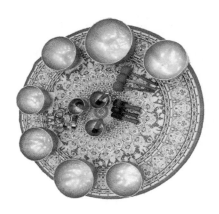

44

그토록 이쁜 마음을 보고
그 누가 이기려 하겠는가?

그토록 아름다운 행동을 보며
그 누가 화를 낼 수 있겠는가?

그토록 고마운 말에
그 누가 시비를 걸겠는가?

45

지혜로운 이는
항상 질투심 없이
다양한 내용을 듣기 좋게 말하며

어떤 게으른 마음도 버리고
지겹다는 생각도 없이
언제나 즐겁고 감사한다네.

46

몸과 마음이
진정 내 것이라면
자신을 늙게 하거나
병들게 하지 않을 것입니다.

몸과 마음이 자연의 흐름이듯,
곁에 있는 사람도 내 것이 아니라
인연의 흐름입니다.

인연의 흐름에서 자유롭고
자신에게서도 자유로운 것이
평온한 행복입니다.

47

그 사람의 마음을 헤아려 볼 때
좁았던 마음이 넓어지기 시작합니다.

그 사람의 근심을 덜어주려 할 때
자비와 연민이 생기기 시작합니다.

그 사람의 어려움을 덜어주려 할 때
용기와 지혜가 열리기 시작합니다.

48

창문 틈으로 들어와
얼굴에 닿는 미세한 바람결

토도독 투두둑 떨어지는 소리가
각각 다르나 조화로운 빗소리

바람에 사~알~짝
흔들리는 나뭇가지

제각각 매 순간 변하는 자연은
그래서 더 아름답습니다.

49

그도 변하고...
나도 변하고...

그 속에서
무상의 진리를 보며...

지금 또 변하고 있는
우주의 질서 속에서

텅 비어 있는
그대와 나를 바라봅니다.

50

누군가에게는
언제나 그리운 사람!

누군가에게는
늘 기대하고픈 사람!

누군가에게는
언제나 희망인 사람!

우리 모두 누군가에겐
그런 사람이기에....
매우 소중한 "나"입니다.

51

얼굴을 환하게 펴고
웃고 또 웃네.

괴로움과 슬픔이
꽃이 되어 피어나도록....

웃고 또 웃어
세상 모두와 웃음꽃을 피웁니다.

52

고통에서 벗어나 해탈하려는 조건 중에
믿음을 가장 으뜸으로 삼고

지혜로운 이는 스승을 믿고
뒤에 서서 스승을 따른다네!

스승을 믿지 못하면
선법(善法)이 생기지 않는데

불에 탄 씨앗에서 싹이
돋아나지 않는 것과 같다네!

53

고귀한 그 님은
어리석음에 깊이 빠져
잠자는 나를
깨워 주었고

악도에 빠진 나를
선도의 가르침으로
이끌어 주었으며,

오랫동안 병고에 시달린
나를 위해
의사가 되어 주셨다네.

54

우리 힘으로
어찌할 수 없을 때
간절히 기도하세요.

기도는 무엇을 요구하기보다
그저 어찌할 수 없는 일을
부처님께 고하는 것입니다.

부처님께 고하는 순간순간
간절함이 다다르면
힘든 일을 해결할
지혜의 문이 열립니다.

55

어려운 일을
해결하고자 하는 염원이
간절하여 하나가 되면

어느새 마음에서
문제를 해결해 갈 문이 열립니다.

56

부처님을 공경하는 것은
부처님과 같은 품격을 이루는 것이며,

부처님께 예를 갖추는 것은
부처님과 같은 인품을 드러내는 것이며,

부처님께 공양하는 것은
부처님과 같은 복덕을 닦는 것이며,

부처님의 수행을 따르는 것은
부처님과 같은 지혜를 얻는 것입니다.

57

마음의 방황을 멈추게 해주신
부처님의 대자비한 크나큰 은혜!

지혜의 눈을 뜨도록
진리를 설해주신 가르침의 크나큰 은혜!

화합하는 방법을 배우게 하는
대중의 크나큰 은혜에 두 손 모아
깊은 감사의 예를 올립니다.

58

수희찬탄이란?

남들이 닦는 공덕을
자신이 이룬 듯 기뻐하는 마음입니다.

다른 이가 크고 작은 공덕을 닦으며
행복을 키워갈 때
기꺼이 박수를 보내며,

온전한 행복을 성취하도록
격려하며 응원하는 것을 말합니다.

59

우리는 모두
고리처럼 연결돼 있어서
어떤 일이 발생하면
금세 영향을 받아 같이 출렁입니다.

그래서
한 분 한 분 모두가
각자의 자리에서 충실한 것이
남을 위하는 일이기도 합니다.

60

공덕은
삶에 매우
중요한 역할을 합니다.

사람들과의 사이에
이익을 주기도 하고
습관을 바꾸게도 하며,

어떤 일을 하더라도
순환하게 하는
촉진제 역할을 합니다.

61

복 없다 느낄 때
좋은 일 하기 시작하세요.

어리석다 느낄 때
마음 닦기 시작하세요.

잘못했다 느낄 때
새롭게 바꾸기 시작하세요.

바꾸고 닦다 보면
변해 있는 자신을 볼 수 있습니다.

62

마음은

잠시도 가만히 있지 않고

좋은 마음과 나쁜 마음을

번갈아 쓰면서

천지 사방을 돌아다닙니다.

그토록 흔들리며

이리저리 변덕스런

마음이지만

우리는 그대로 존귀합니다.

63

마음은
쓰는 대로 커집니다.

악을 행하면
악의 힘이 커지고,

선을 행하면
선의 힘이 커집니다.

64

좋은 음식이라 하여 많이 먹고
비워주지 않으면 몸을 해치듯

좋은 말이라 해도
마음에 담고 그것만 옳다며 집착하면
자유롭지 못합니다.

하물며 나쁜 말을 마음에 담고
자기를 괴롭힐 필요가 있겠는가?

65

움켜쥐고 끌어당기며
만족하지 못하는 마음이
탐심의 특성이라면,

밀쳐내고 거부하며
파괴하는 마음이
성냄의 특성입니다.

있는 그대로 알며
이해하는 마음은
지혜의 특성입니다.

66

살다 보니
어둡고 긴 터널을 지나기도 하고
안개 낀 험한 산길을 홀로 가기도 하며

거센 바람과 함께
성난 파도를 만나기도 하더라.

살다 보니
만나야 할 사람은 만나지고
가볍게 스쳐 지날 인연은 무심히 지나며

붙잡아도 떠날 사람은 떠나고
곁에 있을 사람은 남아 있더라.

67

늘 마음에서
함께하고 있다면

물리적 거리나 시간과 공간을 떠나
가장 가까이 있는 사람입니다.

그대 마음 안에는 어떤 사람이 있나요?

68

태양이 눈부신 것은
대상을 가리지 않고 비추기 때문이며,

지극한 도가 평범한 것은
분별하지 않기 때문이며,

사람이 고귀한 까닭은
자신의 내면과 하나이기 때문입니다.

69

마음공부는
무엇을 많이 아는 것도 중요하지만

법의 이치를 알아서
삶에 적응하며
행복하게 살아가는 것입니다.

70

세상 모든 것은
흐름 속에 존재합니다.

물줄기의 흐름
인연의 흐름
시간의 흐름
이 흐름을 거스르지 않을 때

사랑하고 분노하던 마음까지도
흐름 속에 놓아집니다.

71

날마다 날마다
끊임없이 마주하는
크고 작은 일들 중에

그저 흘러가는 대로
놔두어야 하는 것도 있지만

어떤 것이 최선일지
해결점을 찾아야 하는 것도 있습니다.

삶을 통해 일어나는 문제들을
서로 이롭도록 해결하는 것이 지혜입니다.

72

누군가를
지나치게 좋아하거나 미워하면
그 사람에 대한 감정이
내 마음에 그대로 새겨져
매사에 꿈틀거리며 영향을 줍니다.

사랑도 집착하면 무겁거늘
하물며 미움을 마음에 새겨
괴로움을 끌어드릴 필요가 있을까요?

73

서로 필요하고 좋아서 만남을 유지하다가
헤어질 때 온갖 비난과 원망을 일삼는 것은
스스로 자신의 삶을 부정하는 것입니다.

한때 사랑했던 마음으로 돌이켜
사랑과 연민으로 떠날 수 있다면
비록 만남에 아픔과 허물이 있었더라도
아름다움으로 꽃피워질 것입니다.

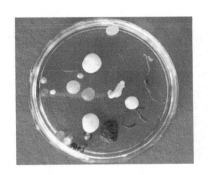

74

물길이 강하면
물이 덮치게 되고,

불길이 강하면
불이 덮치게 됩니다.

선하고 악한 마음이
함께 공존하는 우리들

어떤 마음을 드러내
힘을 실어 줄 것인지?
지금 선택에 달려 있습니다.

75

우리가 겪는
삶의 본질은 변화입니다.

끊임없이 변화해
똑같은 것은 하나도 없습니다.

하지만 언제든지 절대적으로
공(空)하기에 가능한 변화입니다.

76

당신 마음에서
늘 떠나지 않는 문제

그것이
당신의 인생입니다.

그 인생을 어떻게
풀어가고 싶은가요?

77

나 자신과의
원활한 이해를 위해

나 자신과의
원만한 소통을 위해

자신의 몸과 마음에서 일어나는 일에
마음을 기울입니다.

78

자신이 원하는
무언가를 얻기 위해

성냄의 강한 힘까지
더하는 마음을 알아차려

멈추거나 돌이키는 것이
명상이며 지혜입니다.

79

몸과 마음이 따로 놀며
번뇌를 증가시켜 심란할 때

잠시 편안한 곳에 앉아
따뜻한 미소를 띠고
눈을 부드럽게 감고는

콧구멍을 통해 숨이
들어가면 들어가는 줄 알고
나오면 나오는 줄 알면서
온 마음으로
들숨날숨을 바라봅니다.

80

때론
외부의 모든 일은 덮어두고...

내 마음의 흐름을
더 세밀하게 알아차림 합니다.

여러 사람과
북적거리는 일정을 보내다

잠시 혼자 있는 시간은
참 달콤한 휴식입니다.

세찬 바람에 잠시
나뭇가지에 앉은 구름처럼

고요히 앉아 있는 시간은
나도 없고 그대도 없습니다.

82

모든 순간이
고귀함을 알기에

자신에게 정성을 기울여
순간순간 알아차림 합니다.

83

마음이 혼란하면
일을 해도 순조롭지 못합니다.

들이쉬고
내쉬는
숨은
중립적이어서
잠시만 바라봐도

거칠고 혼란한 마음이 정화되어
일을 능률적이고 효율적이게 합니다.

84

세상에 존재하는
모든 것의 시작은 마음입니다.

지금 이 순간
어떤 마음을 쓰고 있는지
자신의 마음가짐부터 알아봅니다.

85

누군가에게 받은 상처를 움켜쥐고
<u>스스로</u>
더 힘들게 하고 있을 때가 있습니다.

사실 실체가 없는
그 감정은 중요하지 않습니다.

움켜줬던 마음을 풀어
어떤 마음가짐으로 삶을 대할지입니다.

86

수행이란
자신에게 관심을 두고
잠시도 머물지 않고 돌아다니는
마음의 특성을 보게 하여
무상(無常)무적(無寂)의
맑고 순수한 성품을
드러내는 것입니다.

87

좋은 일이든 나쁜 일이든
붙들고 있으면
현재에 충실할 수 없습니다.

그럴 때는
마음이 무엇에 사로잡혀 있는지?
손발은 무엇을 하는지?
몸과 마음에 대해 알아보세요.

마음은 요술쟁이와 같아서
알아만 줘도
바로 현재로 돌아옵니다.

88

업과 조건에 따라 일어나는
많고 많은 기억과 감정들....

잠시 머물다 사라지는 것에
매이거나 쫓기지는 않는지...

당당한 주인이 되어
자유롭게 왕래하도록
그저 지켜보는 힘을 기릅니다.

89

좋고 싫은 느낌은
일어났다 사라지는 물거품과 같아서
그냥 내버려 두면
자연스레 사라집니다.

그러니 잠깐 스쳐 가는 바람을
잡으려 하거나 없애려
애쓰지 마세요.

90

때때로 자신을
'나'라고 여기는 상과
'내 것'이라 여기는 것을
정신과 물질로 바라봅니다.

자연과 다를 바 없이
몸과 마음의 작용일 뿐이라는 것을
알 수 있을 것입니다.

91

날마다 마주하는 대상은
특별하지 않습니다.

그러나 마음가짐에 따라
대상을 대하는 태도는
많이 다를 수 있습니다.

오늘을 어떤 마음으로
맞이하고 있는지 자신의
마음가짐을 알아봅니다.

92

기분이 좋을 때
마음도 따라 들떠
두서없이 말하는지,

마음이 나쁠 때
마음도 무거워져
말이 거칠며 퉁명스러운지 알아봅니다.

좋고 나쁜 감정은
조건 따라 왔다가
조건이 다하면
금세 사라집니다.

93

삶의 모든 것은
마음에서 비롯된 것,

마음이
어딜 향해 있는지...
어떤 의도가 있는지...

복과 덕이 되도록
자신을 챙기는 것이
자기를 사랑하는 방법입니다.

94

어떤 것을
보고 들었다 하여
바로 결정 내려 말하기 전에

자신에게서 올라오는
생각이나 느낌을 지켜보며

마음의 소리를 듣고
대답하거나 결정해도 늦지 않습니다.

95

마음의 움직임은
자신만 알 수 있는 것이 많기에

마음을 알아차리는 이는
모든 것의 바탕이
마음이라는 것을 알게 됩니다.

96

우리는 모두
많은 인연과 조건 속에서
살아가고 있습니다.

그 수많은 것 중에
주인공은 자기 자신입니다.

그토록 소중한 자신을 위해
과연 어떤 마음가짐으로 살고 있는지?

때때로
자신에게 물어보는 시간을 가집니다.

97

몸이 따뜻하면
따뜻한 줄 압니다.

말할 땐
말하는 내용과 표정을 압니다.

운전할 땐 좌우를 살피며
손의 감각과 발의 움직임을 알면서 합니다.

먹을 땐
씹는 감각과 맛을 압니다.

소리가 들릴 땐
들려지는 대로 알아차림 합니다.

98

화날 때마다 미소로,
불평이 올라올 때마다 자비로,
거친 말이 나올 때마다 부드러운 말로,

부정적인 마음이
어느 결에 긍정적으로
바뀌어 나올 때

선업으로 바뀌었다 말하며
그것을 명상이라고 합니다.

99

갈등이 있다는 것은
나와 그 사람 사이에
원하는 것이 있다는 것입니다.

나의 마음은 무엇을 원하는지?

상대는 나에게 무엇을 원하는지?

잠시 생각을 멈추고
먼 하늘을 보며 마음을 살핍니다.

100

마음은 참 미묘합니다.

너그러울 때는
온 세상을 다 품다가도
옹졸해지면
바늘 하나 꽂을 여유조차 없습니다.

지금
그대의 마음 크기는 어떠신지요?

101

마음이
과거에 머물러 있는지?
미래로 가 있는지?
알아차림 합니다.

지금 이 순간....
자신의 몸과 마음으로 돌아와
어떤 일이 일어나고 있는지
관심을 기울입니다.

102

우리 마음의 크기와 능력은
허공과 같이 무한한데

생각해 보거나
노력해 보지도 않고
마음의 문을 닫고 있는 것은 아닌지?

오늘은
그 마음과 만납니다.

연암스님의
고요한 소리

발행　　2023년 5월

지은이　　연암 스님

펴낸곳　　도서출판 도반
펴낸이　　김광호
편집　　　김광호, 이상미, 최명숙
대표전화 031-983-1285
이메일　　dobanbooks@naver.com
홈페이지 http://dobanbooks.co.kr
주소　　　경기도 김포시 고촌읍 신곡리 1168